Strahlende Erinnerung - Gesprächsimpulse
über schöne Erinnerungen
für Kinder in der Trauerbegleitung

Für unsere Tochter Mara.

Und für alle anderen die auch einen geliebten Menschen verloren haben.

Strahlende Erinnerung - Gesprächsimpulse über schöne Erinnerungen für Kinder in der Trauerbegleitung

Manuela Mohn

Impressum

Titel des Buches: Strahlende Erinnerung - Gesprächsimpulse über schöne Erinnerungen für Kinder in der Trauerbegleitung

Autorin: Manuela Mohn
Veröffentlicht über Books on Demand GmbH

Kontakt:
Manuela Mohn
Gerd-Jansen Platz 2
47546 Kalkar
strahlende-erinnerung@gmx.de
www.strahlende-erinnerung.com

Haftungsausschluss:
Die Inhalte dieses Buches wurden sorgfältig erstellt. Für die Richtigkeit, Vollständigkeit und Aktualität der Inhalte kann jedoch keine Gewähr übernommen werden. Die Autorin übernimmt keine Haftung für Schäden, die durch die Nutzung der Inhalte dieses Buches entstehen.

ISBN: 978-3-7597-7728-7
Verlag: BoD • Books on Demand GmbH, In de Tarpen 42, 22848 Norderstedt
Druck: Libri Plureos GmbH, Friedensallee 273, 22763 Hamburg

Inhaltsverzeichnis

Vorwort

Wenn Menschen sterben, fehlen uns oft die Worte. Wir nehmen Abschied, jeder auf seine Weise. Trauern ist wichtig und weinen ist etwas wunderbares und befreiendes.
Um nicht nur zu trauern bieten euch die Karten Ideen um über schöne Erinnerungen zu sprechen.

Im Fokus steht die gemeinsame Zeit, die man zusammen verbracht oder auch schöne Erinnerungen, die man zusammen geschaffen hat.

Es gibt auch Ideen, um sich auf sich selber zu konzentrieren, denn traurig sein ist anstrengend. Ihr könnt euch eine oder mehrere Karten aussuchen oder diese verdeckt ziehen. Richtig ist, was sich richtig anfühlt.

Die Karten können euch dabei unterstützen, um mit einem Lächeln traurig zu sein und schöne Momente in der Trauer zu erleben. Die Karten sind leicht lesbar und müssen durch euch ausgedruckt werden. Nutzt dazu den QR Code und das exklusive Passwort am Ende des Buches.

Ich möchte euch jedoch bitten, diese Dateien nicht weiterzugeben, um das Urheberrecht zu schützen.

Vielen Dank für euer Verständnis und eure Rücksichtnahme.

Maras Familie

Maras Mama heißt Manuela und der Papa Jörg.
"Oma und Opa unten" werden auch Oma Wally und Opa Helmut genannt und wohnen unten im Haus.
Oma Hanni ist die Mutter von Oma Wally.
"Oma und Opa Qualburg" werden auch Oma Christel und Opa Willi genannt und wohnen mit Onkel Marco in Qualburg.
"Oma Kellen" war Papa Jörgs Mutter und wird auch Oma Hildegard genannt und wohnte in Kellen.

1. Einleitung

Das Buch und die Karten sollen bei der Trauerarbeit unterstützen.

Trauern ist notwendig. Wenn es richtig gestaltet wird, kann es nicht ein unendliches Leid, sondern ein Weg zu einer neuen Normalität sein.
Die Impulskarten könnten dabei helfen, Gedanken und Gefühle zu reflektieren, während Affirmationskarten positive Botschaften und Selbstbestätigungen bieten. Zusammen könnten sie bei der Trauer um einen geliebten Menschen unterstützen.

Unterteilt ist dieses Buch in einen kurzen allgemeinen Teil, den wir zu Hause leben und einem Teil zu den Karten. Hier werden alle Karten kurz vorgestellt und jeweils ein Beispiel von Maras Oma genannt.

Dazu gibt es jeweils eine Affirmation.
Besonders dankbar bin ich meiner Kollegin Anette, einer Aromatherapeutin, die euch einen Tipp für ein Öl gibt, welches vielleicht für euch passt.

Zusätzlich habe ich euch einen speziellen Heilstein als Empfehlung ausgesucht. Auch hier gilt, richtig ist was sich gut anfühlt.

Um die Karten nutzen zu können, musst du diese selber ausdrucken, schau mal ganz am Ende und scanne den QR Code. Einlaminieren macht die Karten haltbarer.

1.1 Warum sind die Karten entstanden?

Schon beim Tod der ersten Oma 2021 haben wir einige Bücher gekauft, um zu erklären was beim Sterben passiert. Der Tod der Oma war plötzlich und eigentlich nicht abzusehen.

Wir als Eltern waren ebenso plötzlich nicht nur mit dem Verlust beschäftigt, sondern auch mit den vielen und teilweise sehr differenzierten Fragen. Hier gibt es bereits vieles an Büchern und Materialien, die kindgerecht 'das Sterben und gestorben sein' erklären.

Hiervon haben wir auch profitieren können als unser geliebter Kater Leo kurze Zeit später eingeschläfert wurde.
Ihn haben wir in einer bemalten Kiste beerdigen können. Das Eutanasieren an einem Freitagabend hat Mara nicht miterlebt, die Beerdigung inklusive streicheln und genau anschauen am nächsten Morgen aber schon.

Den Karton, in welchem Leo beerdigt wurde, haben wir übrigens schon am Nachmittag vorher bemalt, als der Kater noch gelebt hat.

2024 starb dann die zweite von drei Omas nach ganz kurzer Krebserkrankung. Oma Qualburg war vorher gesundheitlich zwar schon eingeschränkt, trotzdem war es dann doch plötzlich.
Mara war, seitdem sie etwa sechs Monate alt war, einmal in der Woche bei ihr, dem Opa und Onkel Marco.

Der Tod von Oma Qualburg hat sie sehr traurig gemacht und viele Ängste um die anderen Großeltern oder uns als Eltern kamen auf.

Die Bücher, welche die wertvollen Erklärungen liefern, waren hilfreich, die Geschichten sind für uns aber eher traurig gewesen. Die Gespräche mit Mara habe ich versucht auf die schönen Erinnerungen mit der Oma zu lenken.

Wir lieben das Ziehen von Affirmationskarten und so habe ich nach Karten für schöne Erinnerungen gesucht und bin nicht fündig geworden. Das hat den Impuls ausgelöst selber Karten zu gestalten und diese anschließend auch für andere zu veröffentlichen.

Dank einem Sketchnotes Kurs und Büchern zu dem Thema war das Layout schnell klar- und so sind die Karten entstanden.

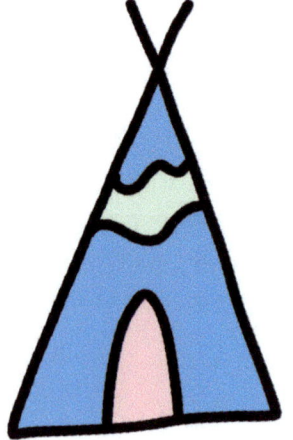

1.2 Das Zauberband

Wir haben unserer Tochter beim Tod der ersten Oma erklärt, dass wir mit allen, die wir gerne haben mit einem Zauberband verbunden sind.

Dieses ist unsichtbar und unendlich dehnbar. Es reicht einmal um die Erde und auch bis in den Weltraum. Und geht auch nicht kaputt, wenn jemand verstirbt. Wir bleiben immer verbunden.

Das Ziehen an dem Band, wenn wir uns entfernen ist dann das Gefühl im Bauch oder in der Brust oder im Rücken, wenn wir jemanden vermissen. Das Ziehen kann auch unangenehm sein und auch richtig weh tun.

Oder es zieht nur ein bisschen oder auch mal gar nicht. Das Zauberband ist immer bei uns. Und je mehr wir jemanden gerne haben, desto stärker zieht es auch, wenn wir denjenigen vermissen, weil das Band viel dicker ist. Es muss nicht immer an derselben Stelle sein, meistens ist das aber so.

Maras Band zur Oma zieht im unteren Bauch. Das von ihrem Papa im Hals und bei mir in der Brust.

Das Konzept des "Zauberbands" ist ein kulturelles oder spirituelles Konzept, das in verschiedenen Traditionen vorkommt. Vielleicht ist es euch ja schon bekannt gewesen?

1.3 Zauberhafte Tiere

Mmh, was meinst du verbirgt sich denn dahinter?

Es sind keine verzauberten Tiere, aber wir erinnern uns bei bestimmten Tieren an die Omas.

Als meine Oma Hanni im November beerdigt wurde ist ein Zitronenfalter nach vorne in die Kirche geflogen, hat sich kurz auf die Blumen gesetzt und ist wieder hinausgeflogen.

Bei Oma Hildegard lief hinter dem Altar und anschließend bis zum Grab, ein schwarzes Eichhörnchen mit.

Und bei Oma Christel sind wir aus der Kirche gekommen und eine Elster flog weg, hoch auf den höchsten Baum. Nachdem die Urne dann in das Grab abgesenkt wurde, flog sie weg.

Jedes Mal, wenn wir nun einen Zitronenfalter sehen, denken wir an Oma Hanni.

Jedes Mal, wenn wir ein Eichhörnchen sehen, denken wir an Oma Hildegard.

Und jedes Mal, wenn wir eine Elster sehen, denken wir an Oma Christel.

Schau doch einmal, ob dir etwas besonderes auffällt, wenn du am Grab bist, an deine verstorbene Person denkst oder, ob dir im Alltag etwas besonders auffällt.

Wir mögen den Gedanken, dass die Omas weiterhin ein bisschen an unserem Leben teilnehmen. Vielleicht gefällt er dir auch.

1.4 Steine und Öle

Steine sind überall um uns herum. Jeder ist in seiner Struktur anders und daher etwas ganz besonderes.

Edelsteinen, denen besondere Fähigkeiten nachgesagt werden, heißen Heilsteine. Du findest bei jeder Impulskarte einen Heilstein und ein paar Schlagworte dazu. Unsere Empfehlung ist, sich in einem Fachgeschäft inspirieren zu lassen. Wählt den Stein aus, zu dem es euch hinzieht.

Es ist wichtig zu wissen, dass die Wirksamkeit von Heilsteinen weder wissenschaftlich nachgewiesen noch medizinisch anerkannt ist. Alle Angaben beinhalten meine persönliche Meinung. Ich habe keine spezielle Weiterbildung zu diesem Bereich. Heilsteine sind kein Ersatz für medizinische Hilfe oder eine Therapie. Fragt für weitere Informationen zu einzelnen Steinen und wie du die Steine reinigen solltest, am besten im Fachgeschäft nach.

Meine Kollegin Anette ist Aromatherapeutin und hat sich sehr viel Mühe gegeben, um einen Geruch herauszusuchen. Aber wie es so ist, es lässt sich ganz schlecht Verallgemeinern. Es gibt verschiedene Möglichkeiten Öle zu nutzen, beispielsweise mit Lampen, Duftsteinen oder einem Aroma Diffuser. Richtig angewendet kann es auch für eine Massage des Bauches, Rücken oder Hand verwendet werden.

Ihr findet hier die Idee für eine Zauberhafte Duft- Fee und die Eigenschaften der einzelnen Öle.

Nutzt, was sich gut und richtig anfühlt. Wichtig ist, dass ihr auf qualitativ hochwertige Öle achtet.

Zauberhafte Duft- Fee

Breite ein Taschentuch aus und forme aus Watte eine Kugel. Lege die Kugel in die Mitte des Tuches und nimm das Tuch zusammen, sodass die Kugel innen ist. Bindet diese dann mit einem bunten Faden ab, sodass ihr die Kugel als Kopf und den Rest als Kleidchen habt. Auf den Kopf könnt ihr dann ein paar Tropfen eures Duftes geben und sie als einen verlässlichen Begleiter, zum Beispiel auf den Nachttisch, setzen. Einen direkten Hautkontakt solltet ihr vermeiden.

Die Eigenschaften der einzelnen Öle

- Lavendel - beruhigend, angstlösend, bei Schlafstörungen und Ängsten
- Bergamotte - starke aufhellende Wirkung
- Zitrone und Orange - hilft in emotional schwierigen Zeiten
- Mandarine - schenkt Heiterkeit, beruhigt sanft und entspannt, unterstützt einen gesunden Schlaf
- Rosengeranie - harmonisiert und wirkt ausgleichend
- Mimose - für das scheue Kind
- Palmarosa - entspannender, zarter Rosenduft
- Zedernholz - der Löwe unter den Bäumen, stärkend
- Tonka - Duft, der Erinnerungen weckt
- Manuka - bildet eine Schutzschicht
- Neroli - erleichtert das Loslassen
- Benzoe - gibt Geborgenheit
- Pfefferminze/Bergamittminze - anregend, ausgleichend

2. Was kann man noch machen?

Trauer ist so individuell, dass man etwas Generelles nicht schreiben kann. Was haben wir also gemacht?

Wir haben im Wohnzimmer ein Bild und auch die Kärtchen der Oma aufgestellt. Aus Kleidung habe ich ein Kuschelkissen genäht. Auf dem Kissen ist ein Herz appliziert, welches Mara gemalt hat. Die kleine Schlaufe am Herz ist ein Stück Schal.

Wir haben das Glück gehabt, dass wir beiden Omas etwas mitgeben konnten. Beide Male haben wir einen Schal zerschnitten, und jeweils einen Teil behalten und einen Teil bei den Omas lassen können. Dieser ist mit verbrannt worden. Die Schlaufe ist also ein Stückchen von dem Schal der auch bei der Oma ist.

Bei Oma Hildegard haben wir eine Maus aus der Kleidung nähen lassen. Das möchten wir auch noch für Oma Christel herstellen. Hier war aber ein Kissen zum Streicheln und Schmusen vorab gewünscht worden.

Dazu habe ich noch einen „Taschen-Tröster" genäht. Aus demselben Stoff habe ich ein handflächengroßes, mit Herz appliziertes, rundes Knautschteil genäht. Innen sind ein verknotetes Stück Kordel von Christels Jacke und ein rosa Stein aus Maras Steinesammlung.

Den Taschen-Tröster kann man super in die Jackentasche stecken, immer wieder mal fühlen, sich auf eine Erinnerung konzentrieren oder einfach eine Gedanken- Pause machen. Vielleicht kann man eine kleine Atemmeditation einbauen?

2.1 Erinnerungen sammeln

Erinnerungen können ganz verschieden sein. Und genau so verschieden können Erinnerungen gesammelt werden.

Eine Kiste, einen Karton, ein Buch, in welches Sachen geklebt werden sind nur einige Möglichkeiten.
Einen Schrank, auf den man Sachen stellt, oder vielleicht legt man auch Dinge an die Grabstelle, oder an einen Ort, an dem man sich dem Verstorbenen besonders verbunden fühlt.
Eine Möglichkeit Erinnerungen zu sammeln, insbesondere in der ersten Zeit, wäre auch ein Tagebuch. Oder du schaust dir mein Buch zum sammeln von Erinnerungsgeschichten an.

Der Verstorbene darf sichtbar sein, manchmal hilft es aber auch alles in eine Kiste zu legen und dann selber zu entscheiden, wann man sich die Dinge anschauen möchte.

2.2 Tagebuch

Tagebücher sind etwas ganz persönliches und beinhalten nicht nur das, was an dem Tag geschehen ist, sondern mittlerweile auch ganz viele weitere Informationen. Habe ich Sport gemacht? Wie war meine Stimmung? Habe ich genug getrunken? Was wünsche ich mir noch? Was habe ich erreicht?

Das klassische Tagebuch ist eher wie eine Brieffreundin oder ein Brieffreund zu sehen. Hier kann man alles hinschreiben und sich so auch gedanklich etwas sortieren. Kindern fällt das oft schwer. Vielleicht hilft hier ein Kuscheltier oder eine Schatulle, in die man ein Bild legen kann, welches man gemalt hat, während man von seinem Tag erzählt hat?

Ein schönes Ritual ist es, sich jeden Abend etwas schönes zu erzählen, was man an dem Tag erlebt hat. Das kann die Sonne sein, die endlich wieder scheint, ein guter Test oder, dass in der Schule Süßigkeiten geteilt wurden.
Diese Erinnerungen kann man aufschreiben, sammeln und dann lesen, wenn es einem nicht so gut geht.

Passend zu den Karten gibt es auch ein Buch für Erinnerungsgeschichten, schau gerne auch einmal an das Ende des Buches.

2.3 Gemeinsame Rituale

Rituale sind wichtig für uns alle. Die Beerdigung ist ein Ritual, ebenso morgens das Zähneputzen oder abends die Gute Nacht Geschichte.

Wir feiern an jedem Geburtstag von Oma Hanni gemeinsam mit der Familie. Da der Tag im Sommer ist, grillen wir meistens und erzählen von allem was uns begleitet hat- aber auch von Oma Hanni.

Welche Rituale findest du schön? Hier noch einige von unseren:
Bei jedem ersten Schnee laufen wir barfuß draußen eine schnelle Runde.
Bei jedem Sekt denken wir an Oma Hanni.
Bei rotem Lippenstift denken wir an Oma Hildegard.
An Oma Christel denken wir an ihrem Geburtstag, wenn wir gemeinsam Essen gehen und wenn es Kaiserschmarren gibt.

2.4 Begleitung

In jedem Ort gibt es Trauerbegleitungen.
Nutzt diese wertvolle Möglichkeit für euch und eure Familie.

Fragt doch bei eurem oder einem Bestatter nach und nehmt unverbindlich Kontakt auf.
Auch helfen die Kirchen oder die Hausarztpraxis. Fragt im Freundeskreis, in Schule oder Kindergarten nach. Und wenn beim ersten Mal nicht der Funke überspringt, dann versucht es erneut.

3. Wie kannst du die Karten nutzen?

Die Karten dürfen so genutzt werden wie es sich gut anfühlt.

Wir ziehen manchmal verdeckt eine und unterhalten uns dann über das Thema. Manchmal suchen wir auch welche aus, aus denen wir eine oder drei ziehen wollen bzw. sortieren aus, was gerade nicht sein soll. Oder Mara geht alle einmal durch oder sucht sich eine aus, die ihr gefällt.
Es gibt also kein richtig oder falsch. Probiert es einfach aus.

Es gibt drei verschiedene Arten von Karten:, Impulskarten für Erinnerungen, Impulskarten für Aktivitäten und Affirmationskarten. Du erkennst die Unterschiede an der Rückseite.

Zu jeder Impulskarte geben wir dir einen kleinen privaten Einblick in unsere Trauer und unsere Gespräche.

Zusätzlich hast du die Möglichkeiten einen passenden Stein zu nutzen oder ein ätherisches Öl. Aber auch hier gilt: alles darf, nichts muss. Vielleicht habt ihr ja auch schon einen Stein oder auch ein Stück Holz oder eine Eichel? Solche Dinge gehören hier zum normalen Tascheninhalt. Vielleicht darf es aber auch ein besonderer neuer Stein sein?
Wir gehen in ein Steingeschäft und lassen uns leiten. Das was euch spontan gefällt, passt dann auch. Nehmt sie in die Hand und entscheidet aus dem Bauch heraus.

Die Karten haben alle in der linken, unteren Ecke eine Sonne mit einer Nummer. Diese Nummer findest du auf den folgenden Seiten mit unsern Erinnerungen. Zusätzlich findest du noch die einzelnen Empfehlungen.

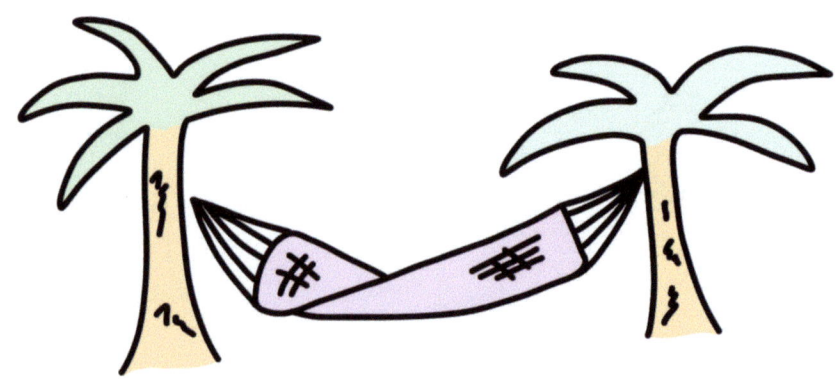

3.1 Impulskarten für Erinnerungen

Die ersten drei Impulskarten beziehen sich auf das Sterben und die Beerdigung. Danach geht es dann direkt los mit den Karten zur Erinnerung.

Vielleicht möchtest du dazu etwas aufschreiben?
Oder malen?
Oder ihr sprecht über alles was euch dazu einfällt? Oder du überlegst für dich alleine? Mach das, was sich richtig anfühlt.

1

WIE WÜRDEST DU EINE URNE ODER EINEN SARG BEMALEN WOLLEN?

„Ich möchte eine Urne, die mit Handabdrücken bemalt ist. Für Mama eine, mit einem Leuchtturm und Händen. Papa bekommt eine Lustige, die wie ein gelbes Minion aussehen soll."

Affirmation: Ich bin liebevoll zu mir selber.
Geruch: Mandarine
Stein: Gagat- Zuversicht, Leben öffnen, akzeptieren, überwinden

WELCHE BLUMEN MAGST DU? WELCHE SOLLEN AUF DAS GRAB?

„Ich hätte gerne eine blaue Blume, die wie ein Herz aussieht. Die haben wir aber noch nicht gefunden. Aber Oma mag Rosen und ich auch Sonnenblumen. Auf dem Grab habe ich eine Schale, in die ich Blumen pflanzen kann."

Affirmation: Ich achte auf die Natur.
Geruch: Rosengeranie
Stein: Moosachat- verbindet mit der Natur, Entspannen

3

WAS WÜRDEST DU GERNE AUF EINER BEERDIGUNG ANZIEHEN?

„Bei Oma Kellen hatten wir alle bunte Sachen an, weil sie sich das gewünscht hat, meine andere Oma und Mama möchten das auch. Bei der Beerdigung von Oma Qualburg habe ich schwarze Sachen angezogen, auf meinem Pullover stand aber -MOIN, das erinnert mich an Oma."

Affirmation: Ich darf Fehler machen.
Geruch: Rosengeranie
Stein: Rauchquarz- Gleichgewicht, gegen Stress

4

WENN ICH BEI DIR WAR HABEN WIR DAS OFT GEMACHT
„Wir haben oft gespielt oder gemalt. Jeden Mittag nach dem Essen haben wir einen Mittagsschlaf gemacht, dabei durfte ich fernsehen"

Affirmation: Ich habe Talent.
Geruch: Lavendel
Stein: Rosenquarz- Fröhlichkeit, Selbstvertrauen, Liebe, Mitgefühl

5

DAS HABE ICH ALS ERINNERUNG ZUM ANFASSEN

„Ich habe von Oma eine rosa, lila und blau gemusterter Krake bekommen. Und ich habe ein Kissen aus Omas Jacke. Das Kärtchen von der Beerdigung steht im Wohnzimmer. Ein Fotobuch möchte ich noch machen, aber das kann ich noch nicht."

Affirmation: Ich glaube an meine Träume.
Geruch: Tonka
Stein: Peridot- Gute Laune, Freude an neuen Dingen, gegen schlechte Träume

6

DIESER GERUCH WECKT EINE ERINNERUNG

„Oma hat geraucht. Bei Zigaretten muss ich an sie denken, auch, wenn es nach Tomatensuppe riecht."

Affirmation: Ich mache die Augen zu und lausche.
Geruch: Zitrone, Mandarine
Stein: Mondstein- Einklang, weich und vertraut, Eingebung, Impuls

7

DARÜBER WURDE GERNE GESCHIMPFT

„Wenn ich draußen war und keine Jacke anhatte konnte Oma schimpfen, aber das war nicht so schlimm. Oder mit Marco wenn der was machen sollte und das zu lange gedauert hat."

Affirmation: Schön, dass es dich gibt.
Geruch: Rosengeranie
Stein: roter Jaspis- Vitalität, lösen emotionaler Blockaden, Courage für unangenehme Aufgaben

WAS ICH DIR NOCH SAGEN WOLLTE...

„Ich wollte Oma noch sagen, dass ich sie ganz, ganz doll lieb habe und, dass ich gerne gehabt hätte, dass sie noch weiterlebt, weil ich mit ihr spielen wollte. Und, dass ich kuscheln wollte und sie an meinem Geburtstag dabei ist. Ich würde auch gerne noch Danke sagen, dass sie mir bei den Hausaufgaben geholfen hat und mir Sachen beigebracht hat."

Affirmation: Ich bin nicht alleine.
Geruch: Neroli
Stein: Soladith-, gibt Mut, hilft unausgesprochenes zu verarbeiten

DAS WAR EIN LIEBLINGSESSEN

„Oma hat sehr gerne Kaiserschmarrn gemocht und manchmal auch Pommes. Pfefferminzrauten haben wir oft zusammen gegessen, da muss ich jetzt immer an Oma denken, wenn ich das esse."

Affirmation: Alltag darf sein, Pausen auch.
Geruch: Pfefferminze/Bergamottminze
Stein: Leopardenfell-Jaspis- Durchhaltevermögen, kreativ werden

10

EINE DER SCHÖNSTEN ERINNERUNGEN IST

„Meinen Abschluss bei Sybille bei der Musikschule. Da waren wir seitdem ich ein Baby war, bis ich in die Schule gekommen bin. Am Ende gab es eine Aufführung."

Affirmation: Ich bin entspannt.
Geruch: Mandarine
Stein: heller Amethyst- Friede, bewusste Wahrnehmung, klärende Wirkung

WORAN ERINNERST DU DICH BESONDERS GERNE?

„Als wir alle zusammen auf Borkum waren und wir da zusammen in einem Bett geschlafen haben, das war lustig und auch schön."

Affirmation: Ich bin mutig.
Geruch: Lavendel, Palmarosa
Stein: Dumortiert- Leichtigkeit, Lebensfreude, Mut, Zuversicht

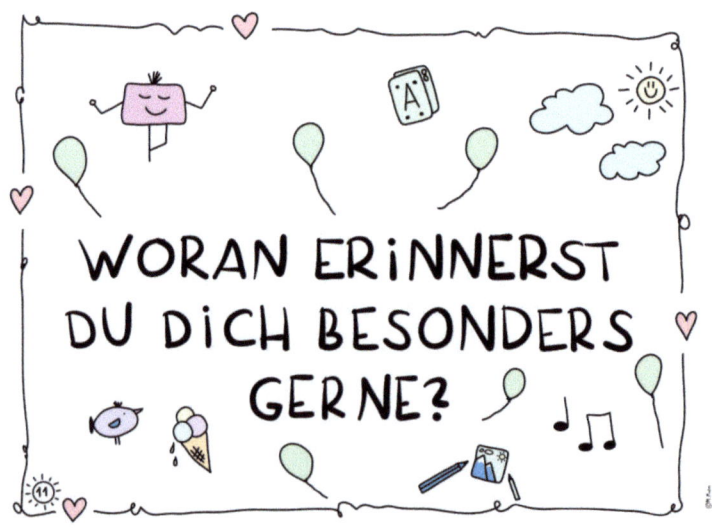

12

DIESER GEGENSTAND HAT EINE BESONDERE BEDEUTUNG

„Die Krake aus Borkum, mein genähtes Kissen und der Taschentröster. Die Eule, die ich Oma ins Krankenhaus mitgegeben habe, ist noch in Qualburg bei Opa und Marco, die erinnert mich auch an Oma."

Affirmation: Ich bin wertvoll.
Geruch: Zedernholz
Stein: versteinertes Holz- positive Seiten des Lebens sehen, offen und lebendig, fördert Stabilität

EINE LUSTIGE SACHE WAR...

„Wenn Marco bei McDonalds falsche Sachen mitgebracht hat und wir dann geteilt haben."

Affirmation: Ich bin glücklich.
Geruch: Bergamotte
Stein: Opal- Freude wiederfinden, Entdeckerfreude

14

DAS HABEN WIR GERNE GESPIELT

„Oma hat mir Mau Mau beigebracht und das Spiel des Lebens. Außerdem haben wir gerne gemalt."

Affirmation: Ich darf auch verlieren.
Geruch: Mandarine
Stein: Rhondorit- Stimmungsaufhellung, stärkt Verbindung zu positiven Erinnerungen

15

EINE TRAURIGE GESCHICHTE IST

„Dass Oma krank geworden ist, weil sie geraucht hat, und dann gestorben ist."

Affirmation: Was ich sage ist wichtig.
Geruch: Manuka, Zedernholz, Mandarine
Stein: Chrysopras- Vertrauen und Geborgenheit fördern, Ruhe und Sicherheit, Kreativität

DAS HATTEN WIR GEMEINSAM

„Wir hatten beide Ohrringe, haben beide immer eine Kette getragen und wir lieben beide flauschige Jacken."

Affirmation: Ich darf um Hilfe bitten.
Geruch: Tonka, Bergamotte
Stein: Aquamarin- Optimismus, Inspiration, regt die Fantasie an

DIESER ORT WECKT ERINNERUNGEN
„Borkum"

Affirmation: Ich fühle mich sicher und beschützt.
Geruch: Rosengeranie
Stein: Türkis- Schutzstein auf Reisen, Stärke, Selbstvertrauen

18

HIER HABEN WIR GERNE GEMEINSAM ZEIT VERBRACHT
„Im Haus, wenn wir gespielt haben, und auch im Urlaub auf Borkum."

Affirmation: Ich bin ein Glückspilz.
Geruch: Mandarine, Tonka
Stein: Sonnenstein- Mut, Wohlbefinden, Lebensfreude steigern

19

DIESE LUSTIGEN NAMEN HAST DU BENUTZT

„Oma hat mich immer Mäuschen genannt oder, -wenn ich dich kriege, du kleine Fliege- hat sie auch oft gesagt."

Affirmation: Ich bin wichtig für meine Gemeinschaft.
Geruch: Zedernholz, Mandarine
Stein: Karneol- Mut, Durchhaltevermögen, Kreativität, Vitalität, hebt die Stimmung

20

DIESE MUSIK WECKT ERINNERUNGEN

„Eigentlich nur, wenn ich den Namen Christel oder Oma höre, aber sonst war dort keine Musik. Aber, wenn ich alle meine Entchen höre, muss ich an die Zeit in der Musikschule, und damit auch an Oma denken."

Affirmation: Jeder Moment ist ganz besonders.
Geruch: Bergamotte
Stein: Aventurin- Glück, Entspannung, Leichtigkeit, Sorgen loslassen, Ruhe

3.2 Impulskarten für Aktivitäten

Die Karten zeigen Möglichkeiten, um etwas zu machen. Sie können dabei helfen sich auf etwas zu konzentrieren.

Gerade Kinder wissen, wann sie eine Pause brauchen. Ihre Trauer ist anders als die von Erwachsenen.

Nehmen wir den Regen als Beispiel:

Wir Erwachsenen stehen bei unserer Trauer im Regen, haben vielleicht einen Regenschirm und Gummistiefel. Trotzdem werden wir nass und hoffen, dass der Regen aufhört und vielleicht ein Regenbogen erscheint.

Kinder springen einfach in eine Pfütze und sind dann sehr traurig. Alle Gefühle kommen hoch und raus. Und dann springen sie aus der Pfütze hinaus, die Traurigkeit rückt in den Hintergrund und es kann zur Eisdiele gehen. Das ist normal und richtig so.

TRAURIG SEIN IST ANSTRENGEND. MACHE EINE PAUSE.
Wir kuscheln, lesen gemeinsam etwas oder spielen zusammen. Manchmal schauen wir auch fernsehen. Eisessen geht immer. Es hilft auch ein weiches Kuscheltier zu streicheln oder in der Hängematte zu liegen.

Affirmation: Ich bin auf dem richtigen Weg.
Geruch: Mandarine
Stein: Bernstein- Leichtigkeit, Sorglosigkeit, bei Schmerzen

22

ICH TRAGE EINEN ZAUBERMANTEL DER MICH BESCHÜTZT.

Wenn wir uns vorstellen, dass wir umarmt werden und gehalten werden, reguliert sich unser Nervensystem. Am schönsten und effektivsten ist das natürlich, wenn wir wirklich umarmt werden und das mindestens 20 Sekunden. Die Vorstellung, dass wir einen Mantel anziehen, der uns wärmt und vor Regen schützt und den wir auch wieder ausziehen können, wenn wir uns besser fühlen, kann im Alltag helfen.

Affirmation: Mein Herz und mein Bauch wissen was für mich richtig ist.
Geruch: Manuka, Zedernholz, Bergamotte
Stein: Turmalin Indigolit- Schutz, Geborgenheit

MEINE ERINNERUNGEN BLEIBEN FÜR IMMER

Wir können Erinnerungen in unserem Kopf und Herz festhalten. Als Bild, Geräusch oder auch Gegenstand können wir sie lebendig halten. Gestalte ein Album mit Fotos oder gemalten Bildern oder nutze eine Schatzkiste, um hier Gegenstände aufzubewahren. Vielleicht hast du etwas besonderes, was du aufmalen oder aufschreiben kannst?

Affirmation: Ich passe gut auf mich auf.

Geruch: Lavendel

Stein: Heliotrop- Kraft und Gesundheit, ermutigt und motiviert

24

ICH FÜHLE MEIN ZAUBERBAND

Wir sind mit allen, die wir gerne haben, mit einem Zauberband verbunden. Dieses ist unsichtbar und unendlich dehnbar. Es reicht einmal um die Erde und auch bis in den Weltraum.

Es geht auch nicht kaputt, wenn jemand verstirbt. Wir bleiben immer verbunden.

Affirmation: Das Universum verschwendet keine Energie- es verwandelt sie.

Geruch: Mandarine, Zedernholz, Rosengeranie

Stein: Bergkristall- Hilft eine Bindung zu bewahren, beruhigend, Harmonie und Heilung

ALLE GEFÜHLE SIND RICHTIG UND WICHTIG. WAS FÜHLST DU?

Wenn wir ein Gefühl benennen können ist das eine tolle Sache. Denn dann können wir überlegen, was man machen kann, um ein schönes Gefühl zu behalten oder ein nicht so Schönes zu verändern. Wie fühlst du dich und was kannst du machen, um es zu behalten oder auch um es besser zu machen?

Affirmation: Deine Trauer ist genau richtig so.
Geruch: Mandarine, Tonks
Stein: dunkler Amethyst- Ruhe und Klarheit, eigene Gefühle werden bewusst

26

ICH SAGE STOP! WENN ES MIR ZU VIEL WIRD

Grenzen setzen und diese einhalten gilt für Kinder und Erwachsene. Sag Stop, wenn es dir zu viel wird und sag Bescheid, wenn du darüber reden möchtest.

Affirmation: Ich darf weinen, schreiben oder still sein. Alles ist richtig.
Geruch: Rosengeranie, Palmarosa
Stein: Karneol- reduziert Stress und Ängste, fördert Kreativität, Mut

ICH KANN ATMEN

Konzentriere dich auf deinen Atmen. Dreimal vier oder viermal vier- je nachdem, wie tief du schon atmen kannst.

Zähle bis drei oder vier, während du einatmest.
Zähle bis drei oder vier und halte die Luft an.
Zähle bis drei oder vier und atme währenddessen aus.
Zähle bis drei oder vier und halte die Luft an.

Affirmation: Ich darf traurig sein, auch wenn jemand "erlöst" wurde.
Geruch: Mandarine
Stein: Tiegerauge- Durchblick, Stress, Belastbarkeit, hilft Durchblick zu bewahren

28

ERZÄHLE ZWEI MINUTEN ALLES WAS HEUTE WAR. ALLES WIRD SOFORT BEJUBELT

Erzähle zwei Minuten alles, was heute war. Alles wird sofort bejubelt.

Eine tolle Methode über den Alltag zu sprechen, auch wenn etwas nicht so toll war.

Ein Mathetest mit 35 von 40 Punkten. - JEAH!
In der Pause gefallen. - JEAH!
Es gab Süßigkeiten, weil jemand Geburtstag hatte. - JEAH!
Und dann wurden Hausaufgaben gemacht. - JEAH!

Affirmation: Ich werde geliebt.
Geruch: Lavendel, Palmerosa
Stein: Citrin- löst Anspannung und Traurigkeit, Mut, Freude, nimmt Druck

3.3 Affirmationskarten

Die Regenbogenkarten sind Affirmationskarten. Diese passen zu den Impulskarten- können aber auch separat gezogen werden. Es gibt tolle Kartensets für Kinder. Ihr könnt euch auch selber positive Sätze ausdenken und aufschreiben oder malen.

DU BIST GUT SO WIE DU BIST.

4. Karten zum Download

Hier findet ihr über meine Homepage exklusiv und für euch natürlich kostenlos, Download Möglichkeiten der Karten als PDF Dokument.
Das Passwort gilt für:
die Impulskarten für Erinnerungen in coloriert,
die Impulskarten für Erinnerungen in schwarz-weiß,
die Impulskarten für Aktivitäten in coloriert,
die Impulskarten für Aktivitäten in in schwarz-weiß und
die Affirmationskarten.

Bitte bedenkt das die Downloads nur für Personen bestimmt sind die das Buch gekauft haben.

Passwort: Mara

Ihr findet auf der Homepage auch noch einen Link zu dem passenden Buch für Erinnerungsgeschichten bei Amazon.

Solltet ihr Probleme haben dann schickt mir bitte eine Email.

Viele freudige Erinnerungen wünsche ich euch,

Eure Manuela

www.strahlende-erinnerung.com
Passwort: Mara